LA PUPILLE,

COMEDIE.

Par Monsieur FAGAN.

Représentée pour la premiere fois le 5.
du Mois de Juillet 1734.

Le prix est de vingt-quatre sols.

PARIS,

Chez CHAUBERT, Quay des Augustins, à la
Prudence, & à la Renommée.

―――――――――――――――――――

M. DCC. XXXIV.

Avec Approbation & Privilege du Roy.

ACTEURS.

ARISTE.

JULIE.

ORGON, ami d'Ariste.

LE MARQUIS, Neveu d'Orgon.

LISETTE, suivante de Julie.

La Scene est dans l'appartement d'Ariste

LA PUPILE,
COMEDIE.

SCENE PREMIERE
ORGON, LE MARQUIS-VALERE.

ORGON.

ALERE, encore un coup, songés à ce que vous me faites faire.

LE MARQUIS.

Que je sois anéanti, mon Oncle, si je voulois pour toute chose au monde, vous engager dans une fausse démarche. Faut-il vous le repeter cent fois ? je vous dis que je suis avec elle sur un pied à ne pouvoir pas reculer.

ORGON.

Mais ne vous flatés vous pas ? êtes vous bien sûr d'être aimé ?

LE MARQUIS.

Si j'en suis sûr ? Premierement quand je viens ici,

A.

à peine ose-t-elle me regarder, preuve d'amour, quand je lui parle, elle ne me répond pas le mot. Preuve d'amour. Et quand je parois vouloir me retirer, elle affecte un air plus guai, comme pour me dire : pourquoi me fuyés vous, Marquis ? craignés vous de me sacrifier quelques momens ? restés, petit volage, restés ; Je vais vaincre le trouble où me jette votre présence, & vous fixer par mon enjoûment. Mon esprit va briller aux dépens de mon cœur. J'aime mieux que vous me croyés moins tendre, & vous paroître plus aimable. Demeurés, mon cher Marquis, demeurés… Je pourois vous en dire davantage, mais vous me permettrés de me taire là-dessus.

ORGON.

Ces preuves là me paroissent assés équivoques. Au surplus Ariste est trop judicieux & trop mon ami pour s'opposer à ce mariage, si sa Pupile y consent. Je le vois sortir de son appartement. Retirés vous.

LE MARQUIS.

Y a-t-il quelqu'inconvenient que je reste ? Vous porterés la parole, il donnera son consentement, je donnerai le mien ; on fera venir Julie ; ce sera une chose faite.

ORGON.

Les affaires ne se menent pas si vîte. Retirés vous vous dis-je ?

COMEDIE.

LE MARQUIS.
Cependant....

ORGON.
Retirés-vous.

LE MARQUIS
Allons donc. Je reviendrai quand il sera question d'épouser.

SCENE II.
ARISTE, ORGON.

ORGON.
Bonjour au Seigneur Ariste.

ARISTE.
On vient de me dire que vous étiés ici, Orgon. Je suis charmé de vous voir.

ORGON.
Je suis charmé, moi, de voir la santé dont vous joüissés. Sans flaterie, vous ne paroissés pas trente-cinq ans ; &... vous en avés bien dix par de-là.

ARISTE.
La vie tranquille & reglée que je mene depuis quelque temps me vaut ce peu de santé dont je joüis.

ORGON.
Ma foi : une femme vous siéroit fort bien.

ARISTE.

A moi ? vous plaisantés Orgon.

ORGON.

Ha! il est vrai que vous avés toujours été un peu philosophe & par conséquent peu curieux d'engagemens.

ARISTE.

Il y a eu dans ce qu'on appelle Philosophes des gens qui ne se sont point mariés, & peut-être ont-ils bien fait. Mais selon moi le célibat n'est point essentiel à la Philosophie, & je pense qu'un sage est un homme qui se resout à vivre comme les autres avec cette seule différence qu'il n'est Esclave ni des événemens ni des passions. Ce n'est donc point par Philosophie, mais parce que j'ai passé l'âge de plaire, que je vous demande grace sur cet article-là.

ORGON.

Ce que je vous en dis est par forme de conversation; Parlons en donc pour un autre. Votre dessein n'est-il pas de pourvoir Julie?

ARISTE.

Oüi. C'est dans cette vuë que je l'ai retirée du couvent.

ORGON.

Je crois même vous avoir entendu dire que son

COMEDIE.

pere, en vous la confiant, vous avoit recommandé de lui faire prendre un parti dès qu'elle seroit en âge.

ARISTE.

Cela est encore vrai ; & je m'y détermine d'autant mieux que je compte faire un bon présent à quiconque l'epousera, car elle a des sentimens dignes de sa naissance : elle est douce, modeste, attentive, en un mot je ne vois rien de plus aimable ni de plus sage. Il y a peut-être un peu de prévention de ma part.

ORGON.

Non : elle est parfaite assurément ; mais, il se passe quelque chose dont vous n'êtes peut être pas instruit.

ARISTE.

Comment ! que se passe-t-il donc ?

ORGON.

J'ai un neveu de par le monde.

ARISTE.

Je le sçais. Ne se nomme-t-il pas Valere ?

ORGON.

Tout juste.

ARISTE.

Je l'ai quelquefois vû au logis.

SCENE III.

LE MARQUIS *qui s'étoit caché*, ARISTE, ORGON.

LE MARQUIS *se jettant entre Orgon & Ariste*

Oui, Monsieur, je viens vous avoüer, & vous expliquer ce que mon Oncle ne vous dit que confusément. Il est vrai que Julie ....

ORGON, *au Marquis.*

Hé que diable ! laissés nous.

LE MARQUIS *à Ariste.*

Monsieur, excusés. Mon Oncle ne s'est jamais piqué d'être Orateur, & ... vous me voyés. Je vous demande grace pour Julie, je vous la demande pour moi même. Nous sommes coupables de vous avoir caché, ... mais je vois que le feu s'allume dans les yeux de mon Oncle ; je ne veux point l'irriter.

ORGON *au Marquis.*

Je vous promets que si vous paroissés avant que je vous le dise, je .....

LE MARQUIS.

Je ne crois pas que ce que je fais soit hors de sa place. N'importe, il faut ceder, je me retire.

SCENE IV.
ARISTE, ORGON.

ORGON.

Il est tant soit peu étourdi, comme vous voyés ; aussi me suis-je long temps tenu en garde contre ses discours, mais enfin il m'a parlé d'une façon à me persuader que la Pupile & lui ne sont point mal ensemble.

ARISTE.

J'en reçois la premiere nouvelle. Si cela est, je ne conçois pas pourquoi Julie m'en a fait un mystére, car je l'ai vingt fois assurée que je ne gênerois jamais son inclination ; & je m'opposerois encore moins à celle qu'elle pourroit avoir pour une personne qui vous appartient. Une si grande reserve de sa part me pique, je vous l'avoüe, & me surprend en même temps.

ORGON.

Une premiere passion est un mal que l'on voudroit volontiers se cacher à soi-même. La voilà je crois, qui paroît. Elle est, ma foy aimable !

SCENE V.
JULIE, LISETTE, ARISTE, ORGON.

JULIE à *Lisette.*

ARiste parle à quelqu'un. N'avançons pas, Lisette.

LISETTE.

Vous êtes la premiere personne jeune & jolie, qui craigniés de vous montrer.

ARISTE.

Approchés, Julie. Vous êtes, sans doute, instruite du sujet qui amène Monsieur ici. Il me fait une proposition à laquelle je souscris volontiers, si elle vous touche autant que l'on me le fait entendre.

JULIE *troublée.*

J'ignore, Monsieur, de quoi il est question.

ARISTE.

Ne dissimulés pas davantage. J'aurois lieu de m'offenser du peu de confiance que vous auriés en moi. Rassurés-vous, Julie, votre penchant n'est point un crime, & je ne vous reproche rien que le secret que vous m'en avés fait.

JULIE.

En verité Monsieur...... Lisette !

LISETTE.

COMEDIE.

LISETTE.

Hé bien, Lisette ! Je gage qu'on veut vous parler de mariage. Cela est-il si effrayant ? Il y a cent filles qui, en pareil cas, seroient intrépides.

ARISTE à Orgon à part.

Elle s'obstine à se taire. Il faut lui pardonner cette timidité. Je fais reflexion que je lui parlerai mieux en particulier. Laissons-la revenir de l'embarras que tout ceci lui cause ; & soyés persuadé que je m'emploirai tout entier pour que la chose aille selon vos desirs.

ORGON.

Je vous en suis obligé.

Regardant Julie.

Elle a une certaine grace, une certaine modestie, qui me feroit souhaiter d'être mon neveu.

SCENE VI.
JULIE, LISETTE.

LISETTE.

Vous vous êtes ennuyée au Couvent. Vous êtes sourde aux propositions de mariage. Oserois-je vous demander, Mademoiselle, ce que vous comptés devenir ? Orgon que vous venés de voir est on-

B

cle du Marquis, qui, selon les apparences, a fait faire des démarches auprès d'Ariste.

JULIE.

Ha! ne me parle point du Marquis.

LISETTE.

Pourquoi donc? Parce qu'il a la tête un peu folle, qu'il est grand parleur, prévenu de son mérite, & même un peu menteur? Bon, bon. Il est jeune & vous aime. Cela ne suffit-il pas? Le commerce tomberoit, si l'on y regardoit de si près.

JULIE.

Je connois quelqu'un à qui on ne sçauroit reprocher aucun de ces défauts; qui est humble, sensé, poli, bienfaisant, qui sçait plaire sans les dehors affectés & les airs étourdis qui font valoir tant d'autres hommes.

LISETTE.

Ouy da? Cette peinture est naïve. Seroit-ce l'Esprit seul qui l'auroit faite?

JULIE.

Non, Lisette, puisqu'il faut l'avouer.

LISETTE.

Hé que ne parlés-vous. Quelle crainte ridicule vous a fait garder le silence si long-tems? Vous êtes trop bien née pour avoir fait un choix indigne de vous. Vous avez un tuteur qui porte la complaisance

COMEDIE.

au-delà de l'imagination, & qui ne vous contraindra pas. Quelle difficulté vous reste-t-il donc à vaincre ?

JULIE.

La difficulté est d'en instruire celui que j'aime.

LISETTE.

La difficulté est de l'en instruire ? Cette personne-là est donc bien peu intelligente. J'en croirois, moi, vos yeux sur leur parole.

JULIE.

Quand mes yeux parleroient beaucoup, je ne sçais si on les entendroit encore. Mais j'ai soin qu'ils n'en disent pas trop, car, Lisette, voici l'embaras où je suis. Quoique je sois jeune & que l'on me trouve quelques charmes, quoique j'aye du bien, & que celui que j'aime & moi soyons de même condition, je crains qu'il n'approuve pas mon amour, & s'il m'arrivoit d'en faire l'aveu, & que j'essuyasse un refus, j'en mourrois de douleur.

LISETTE.

Je vous suis caution que jamais homme usant & jouissant de sa raison ne vous refusera. Qui pourroit le porter à agir de la sorte ?

JULIE.

Son excès de mérite.

Lisette.

Je ne conçois rien à cela. Mais, attendés. Que ne m'en faites-vous la confidence à moi? Vous me demanderés le secret, je vous promettrai de le garder: je n'en ferai rien; il transpirera, fera un tour par la Ville, viendra aux oreilles du Monsieur en question; & quand il sera instruit; selon l'air du bureau, vous aurés la liberté d'avouer ou de nier.

Julie.

Non, je ne puis te le nommer. Outre cette crainte dont je viens de te parler; outre une certaine pudeur qui me feroit souhaiter qu'on me devinât, je crains de passer dans le monde pour extraordinaire, pour bizarre, car mon choix est singulier... Mais pourquoi m'en faire une honte? L'impression qu'un caractére vertueux fait sur les cœurs est-elle donc une foiblesse que l'on n'ose avouer?

Lisette.

Ho ma foi, Mademoiselle, expliqués-vous mieux, s'il vous plaît. Vous craignés de passer pour extraordinaire, & franchement vous l'êtes. O ciel! je renoncerois plutôt à toutes les passions de l'Univers, que d'en avoir une d'une nature à n'en pouvoir pas parler.

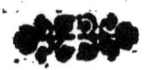

SCENE VII.
ARISTE, JULIE.

ARISTE.

Lisette, retirés-vous.
à part.
Elle m'a quelquefois entendu parler du Marquis comme d'un homme peu formé; Elle craint sans doute, que je ne la désaprouve.

JULIE *à part.*

Quel parti prendre avec un homme trop modeste pour rien entendre?

ARISTE.

Je ne devrois point, Julie, paroître en sçavoir plus que vous ne voulés m'en dire, mais enfin les soins que j'ai pris de votre enfance, & l'amitié que je vous ai toujours témoignée me font prétendre à ne rien ignorer de ce qui vous touche. Quelques amis m'ont parlé en particulier. Ce n'est pas tout. Depuis un tems je vous trouve rêveuse, inquiéte, embarrassée. Il faut que vous en conveniés, Julie; quelqu'un a sçu vous toucher.

JULIE.

J'en conviendrai, Monsieur. Oui, quelqu'un a sçu me plaire; mais ne tenés point compte de ce qu'on a pû vous dire, & ne me demandés point qui est celui pour qui je sens du penchant ; car je ne puis me résoudre à vous le déclarer.

ARISTE.

Auriés-vous fait un choix ?.....

JULIE.

Je ne pouvois pas mieux choisir ; la raison, l'honneur, tout s'accorde avec mon amour.

ARISTE.

Et quand cet amour a-t-il commencé ?

JULIE.

En sortant du Couvent. Quand je commençai à vivre avec vous.

ARISTE.

Mes soupçons ne peuvent tomber que sur peu de personnes.... Encore une fois, Julie, je sçais ce qui se passe, & d'avance, je puis vous répondre, que votre amour est payé du plus tendre retour, que l'on desire de vous obtenir avec l'ardeur la plus vive, & la plus constante.

JULIE.

Si vous devinez juste, mon sort ne sçauroit être plus heureux.

ARISTE.

Je ne crois pas me tromper, mais après les assurances que je vous donne, quelle raison auriés-vous encore de me taire son nom ? N'est-ce pas une chose qu'il faut que je sçache tôt ou tard, puisque mon consentement vous est necessaire ?

JULIE.

Ce seroit à vous à le nommer, je vois bien que vous ne m'entendés pas.

ARISTE.

Je vous entens sans doute, & je le nommerois, si je n'avois pas mérité d'avoir plus de part à votre confidence.

JULIE.

Vous l'auriés, cette confidence, si je n'étois pas certaine que vous combattrés mes sentimens.

ARISTE.

Moi, les combattre ! Suis-je donc si intraitable ? Pouvés-vous douter de mon cœur ? Croyez que je n'aurai point de volonté que la vôtre. J'en ferai serment, s'il le faut.

JULIE.

Puisque vous le voulés, je vais donc tâcher de m'expliquer mieux.

ARISTE.

Parlés....

JULIE.

Mais je prévois qu'après je ne pourrai plus jetter les yeux sur vous.

ARISTE.

Cela n'arrivera pas, car je serai de votre sentiment.

JULIE.

Non après un tel aveu, permettés-moi que je me retire.

ARISTE.

Volontiers, mais ne craignés rien, encore un coup, nommés le moi. Vous me verrés aller de ce pas, assurer de mon consentement celui que vous avez choisi.

JULIE.

Vous le trouverés aisément, je vais vous laisser avec lui. Representés-lui qu'il est peu convenable à une fille de se déclarer la premiere, déterminés-le à m'épargner cette honte. Je vous laisse avec lui. C'est, je crois, vous le faire connoître d'une façon à ne pas vous y méprendre.

Julie veut se retirer, mais elle voit venir Valere, ce qui la fait rester.

SCENE

SCENE VIII.
ARISTE, JULIE, LE MARQUIS, VALERE.

ARISTE à part.

NE sommes-nous pas seuls ? Que penser de ce discours ?

LE MARQUIS à part au fond du Theatre.

Je les trouve fort à propos ensemble.

JULIE à part.

Que vient faire ici le Marquis ? Le fâcheux contre-tems !

LE MARQUIS à Julie.

Je vous retrouve donc, divine personne ?

à Ariste.

Hé bien, Seigneur Ariste, mon oncle m'a raporté que vous agissiés en galant homme. Tout est convenu sans doute.

ARISTE à part.

Je ne l'avois pas vû d'abord. Mais voilà l'Enigme expliquée.

LE MARQUIS.

Mais quel présage funeste ! L'un parle tout seul,

C

& ne me répond pas : L'autre détourne la tête & me fait un clein d'œil. Comment interpreter tout ceci ?

JULIE

Un clein d'œil ? Qui ? moi, Monsieur.

LE MARQUIS.

Oui, ma charmante, qu'en dois-je augurer ? mon oncle m'auroit-il fait un faux rapport ? Auroit-on juré de traverser nos feux ? Parlés. Ha ! Seigneur Ariste, dissipés une inquiétude mortelle.

JULIE *à part.*

Que je suis malheureuse !

ARISTE.

Vous avés lieu d'être tous deux contens, rien ne s'oppose à vos désirs. La volonté de Julie est une loi pour moi, & à votre égard, Monsieur, l'amitié que j'ai toujours eu pour votre oncle est trop intime, pour que je ne consente pas volontiers à ce qui peut en resserrer les nœuds.

LE MARQUIS.

Vous nous rendés la vie. Vous êtes un homme charmant, divin, adorable. Je vous sçais bon gré de n'avoir pas d'entêtement ridicule, & de connoître que je vaux quelque chose.

ARISTE.

Vous appartenés à de trop honnêtes gens pour ne pas esperer que vous rendrés une femme heureuse.

LE MARQUIS.

Ecoutés donc: Nous sommes jeunes, riches, nous nous aimons: il faudroit qu'une influence bien maligne tombât sur nous pour nous rendre malheureux. Il est vrai que le Diable s'en mêle quelquefois.

ARISTE.

Je vais trouver Orgon & lui apprendre que tout va selon ses intentions. Nous reviendrons bien-tôt pour prendre les arrangemens nécessaires. Monsieur voudra bien vous tenir compagnie, Julie, pendant le peu de tems que je suis obligé de vous quitter.

LE MARQUIS.

Allés, allés, Monsieur, je me charge de ce soin.

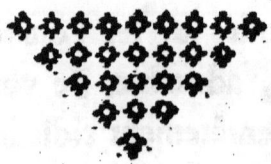

SCENE IX.
JULIE, LE MARQUIS.

LE MARQUIS *à demi voix.*

Voilà une petite personne bien contente!

JULIE.

Tout-à-fait, Monsieur. Je vous prie de vouloir bien me dire ce que tout ceci signifie?

LE MARQUIS.

Comment? vous le dites? La chose est, je crois, assés claire. On comble nos vœux, on nous marie.

JULIE.

On nous marie? Dites-moi donc quel rapport, quelle liaison il y a entre vous & moi?

LE MARQUIS.

Je ne sçais si je me trompe ; mais je me suis flaté qu'il y en avoit tant soit peu.

JULIE.

Et vous auriés osé faire parler à Ariste sur cette confiance?

LE MARQUIS.

Assurément, en êtes-vous fâchée? Je ne le crois

COMEDIE.

pas. Je sçais que c'est à l'Amant à faire des démarches. Une fille aimeroit passionnément, qu'une bienséance mal entenduë lui prescrit de se taire ; aussi quand on est instruit du bel usage, on lui épargne la peine de se déclarer. Vos yeux, vos yeux ont trop sçu me parler, pour que je demeurasse dans l'inaction, & si vous voulés m'ouvrir votre cœur, vous conviendrés que vous m'en sçaurez quelque gré.

JULIE.

En verité, Monsieur, un pareil discours me semble bien extraordinaire.

LE MARQUIS.

Ho ça, si vous voulés que nous soyons amis, il faut vous défaire de cette retenuë hors de saison. Que diable, quand on se convient, & que les Tuteurs, les Oncles & tous ces animaux là consentent, à quoi bon se contraindre ?

JULIE.

Si l'on consent de votre côté, je puis vous assurer qu'il n'en est pas de même du mien.

LE MARQUIS.

Quoi, votre Tuteur ne vient pas dans le moment de me témoigner le plaisir que lui fait notre union ?

JULIE.

Il est dans l'erreur, & je l'en aurois déja désabusé si la surprise où je suis me l'avoit permis.

LE MARQUIS.

Quel est donc votre dessein ? Avés-vous envie qu'il s'oppose à ce que vous desirés vous-même ?

JULIE.

Mais encore une fois, sur quel fondement vous êtes-vous imaginé ce désir de ma part ?

LE MARQUIS.

La question est charmante. Sçavés-vous bien qu'à la fin je me fâcherai.

JULIE.

Mais vraiment vous vous fâcherés si vous voulés. Soyés persuadé que je n'ai, de ma vie, pensé à vous.

LE MARQUIS.

C'est une façon de parler.

JULIE.

Non, vous pouvés prendre ce que je dis à la lettre.

LE MARQUIS.

Allons, allons, je sçais ce que j'en dois croire.

JULIE.

Ne poussés pas, croyés-moi, plus loin l'extravagance.

COMEDIE.

LE MARQUIS.

Ne soyés pas plus long-temps cruelle à vous-même.

JULIE.

Finissons de grace.

LE MARQUIS.

Franchement, vous croyés donc ne me point aimer ?

JULIE.

Je le crois, & rien n'est plus certain.

LE MARQUIS.

Je vous permets de me haïr toujours de même.

JULIE.

Je ne puis plus soutenir un pareil entretien.

LE MARQUIS.

Un cœur qui ne sent point son mal est dangereusement atteint.

JULIE.

La fatuité est un ridicule bien insuportable.

LE MARQUIS.

Cette fille prend plaisir à se donner la torture.

SCENE X.

ARISTE, ORGON, JULIE, LE MARQUIS.

ORGON à *Ariste*.

Ce que vous me dites-là me fait un grand plaisir. Les voilà ces pauvres enfans ! Que l'on passe d'heureux momens à cet âge !

ARISTE à *Orgon*.

Je ne perds point de temps comme vous voyés. Mon empressement vous prouve combien je suis sensible à cet honneur.

ORGON.

Je suis d'avis que l'on dresse le contrat aujourd'huy. L'idée d'une nôce me ragaillardit ; & quoique la mode des violons soit passée, il faut en avoir & suivre la maniere bourgeoise. Mais il me semble que nos amans se boudent. Qu'as-tu donc, Valere ? te voilà tout rêveur !

LE MARQUIS.

Une bagatelle, mon oncle.

ARISTE.

Et vous, Julie, quel est le trouble où je vous vois ?

JULIE

COMEDIE.

JULIE.

Vous êtes dans l'erreur à mon égard. Je vous y ai laissé parce que je n'ai point crû que les conséquences en seroient si promptes ny si sérieuses. Mais je me trouve forcée de vous dire que vous ne m'avés point entenduë.

ARISTE.

Comment donc ?

ORGON.

Qu'est-ce que cela veut dire ?

LE MARQUIS à *Julie*.

Il n'est pas mal de le prendre sur ce ton. Et c'est bien à vous à vous plaindre vraiment !

Aux autres.

Il est bon que vous sçachiés que nous avons eu quelque petite altercation ensemble. Mademoiselle sur un mot, se revolte, & fait la méchante.

ORGON.

Ho ! n'est-ce-que cela ! Bon bon : Ce sont là de ces Orages qui menent les Amans au port.

ARISTE à *Julie*.

Ne vous repentés point de vous être déclarée. Il ne faut point, ma chere Julie, passer si promptement d'un sentiment à un autre. Votre querelle est une querelle d'amitié.

D

LE MARQUIS à *Ariste.*

Faites lui un peu sa leçon, je vous prie, Monsieur.

ORGON.

Allons, allons, mes enfans, racommodés vous.

JULIE.

Laissés moi, de grace. Vous prenés un soin inutile.

ARISTE.

Julie, je vous en conjure, faites cesser ce mystere.

JULIE.

Non, Monsieur. Contre toute raison, j'ai fait voir le foible de mon cœur ; j'ai fait connoître celui pour qui je me declarois : mais ses interprétations fausses, la conduite qu'il observe avec moi m'avertissent assés que je n'en ai que trop dit.

elle rentre.

SCENE XI.

ARISTE, ORGON, LE MARQUIS.

ORGON *au Marquis.*

POurquoi donc vous attirer ces reproches ? il faut que vous lui ayés donné des sujets violens de se plaindre.

COMEDIE.

LE MARQUIS.

Non cela m'étonne : la broüillerie est venuë sur ce qu'elle m'a dit qu'il n'y avoit jamais eu de liaison sincere entre elle & moi, & qu'il ne falloit point compter sur les discours des jeunes gens aimables.

ORGON.

Entre nous : tu as un air libertin qui ne me persuaderoit point si j'étois fille.

LE MARQUIS.

Que voulés vous mon Oncle, je ne me referai point. On a des façons aisées, on a du brillant, tout cela est naturel. Mais quant à Julie je la demande en mariage, n'est-ce pas assés lui prouver que je l'aime ? il faut qu'un joli homme soit furieusement épris pour former une pareille résolution !

ORGON.

A la verité. Je ne conçois pas qu'une fille puisse désirer quelque chose au de-là du mariage. Mais que dites vous à tout cela, Ariste ?

ARISTE.

Franchement : je ne sçais. Il me vient differentes idées qui se détruisent les unes & les autres. Ce que je vois, ce que j'entens, semble se contredire, & …

Au Marquis.

Mais ce ne peut être que vous qu'elle aime.

LE MARQUIS.

Hé ! vraiment non. Je le sçais bien.

ARISTE.

Elle craint, comme vous dites, que votre passion pour elle ne soit pas sincere, & que vous ne soyés aussi inconstant que la plûpart des jeunes gens qui font profession de l'être.

LE MARQUIS.

Tout juste.

ARISTE.

Et elle s'exhale en reproches parce que vous n'avés pas été assés prompt à la rassurer.

LE MARQUIS.

Je lui ai pourtant repeté cent fois que nous étions faits l'un pour l'autre. Mais il ne faut pas que cela vous surprenne, c'est le tourment d'un cœur bien épris de toujours douter de son bonheur.

ORGON.

Il est vrai qu'elle ne le croit pas, où elle le voit.

SCENE XII.

LISETTE, ARISTE, ORGON, LE MARQUIS.

LISETTE à Ariste.

Qu's'est-il donc passé ici, Monsieur, & qui peut avoir si fort chagriné Julie ? elle est dans une tristesse que je ne puis vous exprimer, elle parle de retourner en Couvent. Je la questionne, elle ne me répond que par des soupirs. Enfin elle m'envoye vous demander si avec la permission de ces Messieurs, elle pourroit encore vous entretenir un moment.

ARISTE.

Je l'entendrai tant qu'il lui plaira.

LE MARQUIS *chantant*.

Divin Baccus.... la la la.

ORGON.

Je donnerois, je crois, mon bien pour être aimé de la sorte. Tu ne sens pas ton bonheur, mon neveu.

LISETTE.

Il faut bien que Monsieur votre Neveu lui ait donné quelque sujet de mécontentement. Car elle s'est écriée plusieurs fois. Ha ! dans quel trouble me jette ce

Valere ! qu'il me cause d'embaras & de peine !
Quel supplice d'aimer sans retour !

ORGON.

La pauvre enfant !

LE MARQUIS.

Je suis fâché qu'elle ne me croye pas sur ma parole.

LISETTE.

Allés. Cela est mal à vous, Monsieur, les hommes sont bien ingrats & bien insensibles. Helas ! elle avoit beau me dire qu'elle ne vous aimoit pas ; j'ai toujours bien remarqué, moi, ce qui en étoit, & cela n'est que trop vrai pour elle.

LE MARQUIS.

Crois moi, mon enfant. Elle n'est pas la premiere.

ORGON.

Ecoutés, Valere. Je suis d'avis que vous alliés trouver cette aimable personne ; que vous lui juriés encore que vous êtes pénétré de sa beauté & de son merite; enfin que vous ne la laissiés pas dans un trouble que vous pouvés dissiper.

LE MARQUIS.

Ha ! Que me demandés vous ? faut-il que je redise un million de fois la même chose ? non. Je ne le puis. Je suis piqué aussi de mon côté.

COMEDIE.

ORGON.

Quoi ? vous faites le cruel ?

LISETTE *à part*.

Peste soit du fat ?

ARISTE *au Marquis*.

Julie étant forcée par son ascendant à se declarer pour vous, il ne vous sied pas, Monsieur, d'user de rigueur. Etre aimé est un bien digne d'envie, & le plus bel appanage de l'humanité : mais c'est en abuser que de manquer d'égards pour les personnes qui nous rendent hommage, & de ne pas épargner à un sexe plein de charmes jusqu'à la moindre inquiétude.

ORGON.

C'est aussi mon sentiment.

LE MARQUIS.

Je sçais comme on doit conduire une passion.

ARISTE.

Lisette, dites à Julie que je l'attends ici.

ORGON *à Ariste*.

Puisqu'elle veut vous parler en particulier, nous allons vous laisser libres. Tâchez dans cet entretien, de lui remettre l'esprit, & de l'assurer que mon Neveu est bien son petit serviteur.

LE MARQUIS

Oui. L'on peut toujours compter sur moi. On y peut compter. Nous reviendrons sçavoir de quoi elle vous aura entretenu. Adieu, Lisette.

LISETTE à part.

Est-il possible que l'impertinence soit un titre pour être aimé ?

SCENE XIII.
ARISTE Seul.

L'Homme le plus en garde contre la présomption, est encore bien foible de ce côté-là. J'ai pû interpréter, deux fois, en ma faveur, les paroles de Julie. Oui Ariste, tu as beau en rougir, il t'est venu deux fois en idée qu'on te faisoit une déclaration d'amour, à toi, à toi ! Oh quelle extravagance !

Quelque mysterieuse que soit sa conduite, je n'en sçaurois douter ; ce Neveu d'Orgon a sçu lui plaire. Il y a bien quelque chose à dire contre lui, & parmi tant de jeunes gens aimables que le hazard présente à Julie, j'avoüe qu'elle auroit pû mieux choisir. Elle a assés d'esprit pour s'en appercevoir elle même ; & c'est, si je ne me trompe, un combat de raison & d'amour qui cause, en elle, tant d'indécision. mais la voila.

SCENE.

SCENE XIV.
ARISTE, JULIE.

JULIE.

Vous me voyés revenir, Monsieur, quoique je vous aye quitté avec assés de vivacité. J'ai fait réfléxion que ce pouvoit être un sage motif dans celui que je veux avoir pour Epoux, qui le fait douter de mon penchant. Je voudrois répondre aux objections qu'il pouroit me faire, & l'assurer combien il est digne de mon estime.

ARISTE.

Je n'ai pas bien compris quelle espece de dispute il pouvoit y avoir eu entre vous & le Marquis; mais je ne puis que vous engager tous deux à vous reconcilier au plûtôt. La simpatie est une loi impérieuse à laquelle on veut envain se soustraire, & quelques réflexions que la raison nous inspire, il faut ceder au trait qui nous a frappé, quand le destin le veut.

JULIE à part.

Il est toujours dans l'erreur; & je n'ose encore l'en tirer.

ARISTE.

Me sera-t-il permis de le dire? je sens bien ce qui

fait votre peine. Vous craignés que le monde ne soit pas aussi convaincu du mérite du Marquis que vous l'êtes ; & à mon égard, il faudroit qu'il fût plus parfait pour qu'il me parût digne de vous : mais enfin le penchant que vous avés pour lui me le fait respecter & le justifie devant moi de tous ses deffauts.

JULIE.

Vous me conseillés donc de le prendre pour Epoux?

ARISTE.

Je vous conseille, comme j'ai toujours fait, de ne consulter que votre cœur.

JULIE.

Si vous me conseillés de ne consulter que mon cœur, je suivrai votre avis. Je suis pour la derniere fois resoluë de découvrir mes veritables sentimens : mais comme il en coûte toujours infiniment à les déclarer ; je cherche quelqu'innocent stratagême & je pense qu'une Lettre m'épargneroit une partie de ma honte.

ARISTE.

He bien écrivés. Il est permis d'écrire à un homme que l'on est sur le point d'épouser. Une Lettre effectivement expliquera ce que vous n'auriés peut-être pas la force de dire de bouche, & l'explication est necessaire après le petit démêlé que vous avés eu ensemble.

COMEDIE.
JULIE.

J'éxigerois encore de votre complaisance que vous l'écrivissiés pour moi.

ARISTE.

Volontiers.

JULIE.

Je suis prête à la dicter.

ARISTE.

Voila sur ce bureau tout ce qu'il faut pour cela,
à part.

Le Marquis après tout est homme de condition, & s'il a quelques deffauts l'âge l'en corrigera.

JULIE *à part.*

A Julie.

ARISTE.

Allons, dictés, me voila prêt.

JULIE *dicte.*

« Vous êtes trop intelligent pour ne pas sçavoir
« le secret de mon cœur.

ARISTE *repetant.*

De mon cœur.

JULIE.

« Mais un excès de modestie vous empêche d'en
« convenir,

E ij

ARISTE.
Bon.
JULIE.
» Tout vous fait voir que c'est vous que j'aime,
ARISTE.
Fort bien.
JULIE.
» Oui. C'est vous que j'aime. M'entendés-vous ?
ARISTE.
J'ai bien mis.
JULIE.
» Je vous suis déja attachée par la reconnoissance ;
ARISTE *à part.*
De la reconnoissance au Marquis ?
JULIE.
Ecrivés donc, Monsieur.
ARISTE.
Allons par la reconnoissance,
 à part.
Il faut écrire ce qu'elle veut.
JULIE.
» Mais j'y joins un sentiment désinteressé,
ARISTE.
Désinteressé.

COMEDIE.

JULIE.

» Et pour vous prouver que vous devés bien plus
» à mon penchant...

ARISTE.

Après,

JULIE.

» Je voudrois n'avoir point reçu de vous tant de
» soins généreux dans mon enfance.

ARISTE *troublé.*

Y pensés-vous, Julie?
à part.
L'ai-je entendu, ou si c'est une illusion ?

JULIE *à part.*

Pourquoi ai-je rompu le silence ? Je me doutois
bien qu'il recevroit mal un pareil aveu.

ARISTE.

Julie ?

JULIE.

Ariste ?

ARISTE.

A qui donc écrivés-vous cette Lettre ?

JULIE.

C'est au Marquis, sans doute.

ARISTE.

Il ne faut donc point parler des soins de votre enfance. Ce seroit un contre-sens.

JULIE.

J'ai tort, je l'avouë, & cela ne sçauroit lui convenir.

ARISTE.

C'est donc par distraction que cela vous est échapé?

JULIE.

Assurément. Les bienfaits n'étant point à lui, il n'en doit pas recueillir le salaire.

ARISTE.

Voyés donc ce que vous voulés substituer à cela?

JULIE.

J'en ai assés dit pour me faire entendre.

ARISTE.

En ce cas, il ne s'agit donc que de finir le billet, par un compliment ordinaire & de l'envoyer de votre part?

JULIE.

Envoyés-le de ma part, puisque vous croyés que je doive le faire.

COMEDIE.

ARISTE *troublé.*

Hola quelqu'un.... portés ce billet...

Il échappe à Julie un geste, comme pour empêcher qu'Ariste ne donne la Lettre.

à Julie. N'est-ce pas au Marquis?

JULIE *d'un ton piqué & revenant à elle*:

Oui, Monsieur, encore une fois, qui peut vous arrêter?

ARISTE *au Laquais.*

Tenés donc... portés cette Lettre à Valere.

Le Laquais rentre.

JULIE *à part.*

De quel trouble suis-je agitée?

ARISTE.

Quels coups redoublés attaquent ma raison!

JULIE *à part.*

Je ne puis prendre sur moi d'en dire davantage.

ARISTE *à part.*

Toute ma prudence échoüe.

JULIE *à part.*

Il désaprouve la passion la plus pure. Je meurs de confusion.

SCENE XV.

ARISTE, JULIE, LISETTE.

LISETTE à part.

LA conversation me paroît terminée.

à Ariste.

Orgon qui est là-dedans, Monsieur, est impatient de sçavoir le résultat de votre entretien, & demande s'il peut paroître à présent.

ARISTE à part.

Ce n'est qu'en me retirant que je puis cacher ma défaite.

Il rentre

LISETTE.

Há, ha, voilà qui est singulier !

à Julie.

Pourquoi donc, Mademoiselle, se retire-t-il ainsi sans me répondre ?

JULIE à part.

Son mépris pour moi est-il assés marqué ?

Elle rentre.

SCENE

SCENE XVI.
LISETTE seule.

FOrt bien autant de raison d'un côté que de l'autre. D'où cela peut-il provenir? Il me vient dans l'esprit...... N'aimeroit-t-elle pas Valere? Auroit-elle fait à Ariste l'aveu de quelque passion bizarre que le bon Monsieur, malgré sa complaisance, n'aura pas pu approuver? Quelle honte que je ne sois pas mieux instruite. Suivante, & curieuse autant & plus qu'une autre, je ne sçaurai pas le secret de ma Maîtresse! Ho! je le sçaurai assurément. C'est un affront que je ne puis plus endurer...... Ariste revient plongé dans une profonde rêverie... Je ne laisse plus Julie en repos qu'elle ne m'ait avoué son foible. Elle m'en fera la confidence, ou me donnera mon congé.

elle rentre.

SCENE XVII.
ARISTE seul.

NOn, à rappeller de sens froid ce qui s'est passé, son intention n'étoit pas d'écrire à Valere. Mais quelle conséquence en tirer? Quoi, Julie, il seroit possible qu'Ariste eût obtenu quelqu'empire sur vous ! Ha! Julie, Julie, si ma raison ne m'eût pas soutenu contre l'effet de vos charmes, pensés-vous que je n'eusse pas été le premier à me déclarer pour vous ? Avés-vous cru que je vous visse impunément ? Non, non. Mais plus votre mérite m'a paru accompli & plus j'ai trouvé de motifs d'étouffer dans mon cœur la passion que vous y faisiés naître..... Ciel ! quelle est ma foiblesse ! Osé-je croire qu'elle pense à moi ? Allons, rendons-nous justice une bonne fois, & convenons que pour quelques apparences, il y a cent raisons qui détruisent une idée aussi ridicule.

SCENE XVIII.

ARISTE, ORGON.

ARISTE.

JE vous attens, Orgon, pour vous dire que les choses me paroissent moins avancées que jamais.

ORGON.

Que diable est-ce que tout ceci ? On n'a guéres vu d'amans plus difficiles à accorder. Dites-moi donc de quoi il est question. Il faut que votre conversation n'ait pas été du goût de Julie, car je l'ai vû passer tout à l'heure, le dépit étoit peint sur son visage : mais ma foi, elle n'en étoit que plus belle.

COMEDIE.

ARISTE.

Ce que je puis vous dire, c'est qu'après bien des reflexions, je ne crois pas que le Marquis soit aussi-bien auprès d'elle qu'il vous l'a fait entendre.

ORGON.

Ouy ! attendés donc, ceci mérite examen. Si les choses sont ainsi, je voudrois sçavoir à propos de quoi les démarches qu'il me fait faire ? Me prend-t-il pour un beneft, un sot ? Parbleu.....

ARISTE.

Un homme tel que lui est excusable de se croire aimé.

ORGON.

Je suis votre serviteur.

ARISTE.

Il est enjoué, bien fait, & d'âge....

ORGON.

Ho ! d'âge tant qu'il vous plaira. Son âge est l'âge où l'on fait le plus d'impertinences. Et je prétens, ne vous déplaise....

SCENE XIX.
LISETTE, ARISTE, ORGON.

LISETTE.

A La fin je triomphe, & l'on ne m'en donnera plus à garder.

Meſſieurs vous pouvés parler devant moi, je ſçais le ſecret auſſi-bien que vous. Je ſçais quel eſt le Médor de notre Angelique.

ORGON à Liſette.

As-tu débrouillé le miſtére?

LISETTE.

Comment?

à Ariſte.

Eſt-ce qu'elle ne vous l'a pas dit, à vous, Monſieur?

ARISTE.

Elle ne m'a rien dit de déciſif.

LISETTE.

Tant mieux. Quelle félicité de ſçavoir un ſecret, & de le ſçavoir ſeule, on a le plaiſir de l'apprendre à tout le monde! Je l'ai tant preſſée de m'avouer ſur qui elle avoit jetté les yeux pour en faire ſon Epoux;

qu'elle a cedé à mes instances & m'a répondu qu'il étoit triste pour elle de ne pouvoir se faire entendre, quoiqu'elle eût parlé assés clairement; que l'on devoit s'être aperçu qu'elle n'aimoit pas le Marquis....

ORGON.

Hé bien?

LISETTE.

Qu'elle avoit en général une antipathie mortelle pour les airs suffisans: que l'on ne trouvoit qu'inconsidération dans la plûpart des jeunes gens; & que celui qui l'avoit fixée, étoit d'un âge mûr.

ORGON.

Oui da?

LISETTE.

Que les Amans pris dans leur automne, étoient plus affectionnés, plus complaisans, plus conformes à son humeur.

ORGON.

Elle a raison.

LISETTE.

Comme enfin elle s'est déclarée ouvertement contre le neveu, je me suis avisée de parler de l'oncle.....

ORGON.

De moi?

LISETTE.

On ne m'en a pas dédit, un regard même m'a fait entendre ce qui en étoit, & un soupir m'en a rendue certaine.

ORGON.

Comment diable! quoi je..... Lisette, tu badines assurément.

LISETTE.

Non, Monsieur, j'ai eu beau lui dire sur le champ, (car cela m'est échappé) que rien n'étoit si singulier qu'un pareil choix, que de même qu'un malade attendoit la santé, & un homme en santé la maladie, un jeune devenoit sage, mais qu'un sage suranné n'attendoit que la caducité & la démence. J'ai eu beau lui dire que personnellement vous étiés mal fait, cacochime, gouteux : tout cela n'a rien fait, elle a pris son parti.

ORGON

Vous pouviés vous dispenser de lui dire cela.

ARISTE.

Sans doute. Je suis persuadé que l'esprit, la sagesse, la conduite, sont les seules qualités qui puissent plaire à Julie, & elle les trouve parfaitement rassemblées chés Orgon.

ORGON.

Ecoutés donc, j'ai toujours été assés bien venu des femmes, moi. Mais elle ne m'a pas nommé : Je suis d'ailleurs plutôt dans mon hyver, que dans mon automne. Par cet homme meur, n'entendoit-elle pas parler de vous, Ariste ?

COMEDIE.

ARISTE.

De moi ?

LISETTE.

Bon. S'il s'agissoit de Monsieur, il n'y a pas d'apparence qu'après tant d'entretiens secrets, il l'ignorât : Qui plus est, je vous ai nommé, & on ne m'a pas démentie. Non, vous dis-je, c'est vous, Monsieur Orgon, la bizarrerie de son étoile la fait se déclarer pour vous.

ORGON.

Ho parbleu, Monsieur mon neveu, ceci va donc bien vous faire rire. Ha, ha, ha, vous n'en tâterés, ma foi, que d'une dent. N'ébruitons rien. Il faut le voir venir, & nous divertir un peu à ses dépens.

On entend des instrumens qui préludent.

SCENE XX.

ARISTE, ORGON, LE MARQUIS, LISETTE.

LE MARQUIS.

Oui, vous êtes bien sur ce ton là. Cela ira à merveille. Restés dans cette antichambre, je vous avertirai quand il en sera tems.

à Ariste.

Vous ne le trouverés, je crois, pas mauvais, Monsieur. J'ai rencontré quelques Musiciens de ma connoissance, que j'ai amenés avec moi, & qui doivent faire un divertissement impromptu, dont mon mariage sera le sujet.

ARISTE *au Marquis.*

Il ne faut pas vous abuser plus long-temps, Monsieur.

ORGON *à Lisette.*

Motus.

ARISTE.

Julie n'étoit point née pour vous.

LE MARQUIS.

Plaît-il, Monsieur?

ARISTE.

C'est un autre que vous qu'elle est résoluë d'épouser.

LE MARQUIS.

Un autre?

ORGON.

Oui, un autre.

LE MARQUIS

Mon oncle appuye la chose bien sérieusement. Ha, ha, ha.

COMEDIE.
ORGON.

Vous avés beau ricanner, c'est un autre, vous dit-on.

LE MARQUIS.

Fort bien, Monsieur, fort bien.

LISETTE.

Et cet autre est quelqu'un, à qui vous devés le respect.

LE MARQUIS.

Ho! qui que ce soit. Je le respecte infiniment.

ORGON.

Vous êtes d'une bonne pâte, Monsieur mon neveu, de venir me conter des sornettes, quand il n'est pas plus question de vous que de Jean de Vert.

LE MARQUIS.

Ha! de grace, mon oncle, ne serrés pas tant la mesure. Vous m'allarmés.

ORGON.

Vous croyés que les femmes ne pensent qu'à vous autres étourdis.

LE MARQUIS.

Elles y sont quelquefois forcées.

LA PUPILE,

ORGON.

Ho bien, il faut pourtant que vous en rabatiés.

LE MARQUIS.

Il faut que ce Rival, tel qu'il soit, se prépare à être humilié ; car en tout cas, mon cher oncle, j'ai en poche de quoi le mortifier étrangement.

ORGON.

Et qu'est-ce que c'est ?

LE MARQUIS.

Un billet de la part de Julie.

ORGON.

Qui s'adresse à vous ?

LE MARQUIS.

Oui, vous pouvés m'en croire. Billet de la part de Julie, reçu dans le moment, rempli des sentimens les plus passionnés, qui reproche à la personne son excès de modestie ..... C'est pour moi, comme vous voyés, à ne pouvoir s'y tromper.

ORGON à *Ariste.*

Quel est donc ce billet, dont il parle ?

ARISTE.

Un billet que Julie a dicté, & que j'ai écrit moi-même.

COMEDIE.
ORGON.
Et elle l'écrivoit à Valere ?

ARISTE.
Il me l'a semblé.

ORGON.
Que diantre vous & Lisette venés vous donc me conter ?

LISETTE.
Je n'y conçois rien.

ORGON.
Ni moi.

ARISTE *après avoir hesité.*
Ni moi.

LE MARQUIS.
On vous expliquera aisément tout cela dans un moment ; on vous l'expliquera. Hé bien, notre cher Oncle, êtes vous anéanti, pétrifié ?

ORGON.
Il faut voir jusqu'au bout.

SCENE DERNIERE.

JULIE, ARISTE, ORGON, LE MARQUIS, LISETTE.

JULIE à *Ariste.*

JE ne puis m'empêcher de vous demander, Monsieur, pour quelle fête on a assemblé ici ce nombre infini de Musiciens ?

LE MARQUIS.

C'est moi qui les ai amenés, Mademoiselle, pour celebrer le plus beau de nos jours : mais on me tient ici des discours étranges. Je vous prie d'éclaicir hautement le fait. On dit qu'un autre que moi est le Héros de la fête ; *en riant.* Ha ! rassurés moi de grace . . . . .

ORGON.

Ecoutons.

JULIE.

Les discours, que l'on tient à présent me touchent peu. Je renonce à tout engagement. Mais il est vrai qu'un autre que vous avoit quelqu'empire sur mon cœur.

ORGON à *part.*

Ha, ha.

JULIE.

C'est un empire qu'il méprise ; je ne prens plus le

change sur sa conduite. La fierté, & la modestie gardent également le silence.

ORGON *à part.*

J'entens bien le reproche.

LE MARQUIS *à Julie.*

Quoy. Déguiserés vous toujours ce que vos yeux m'ont repeté tant de fois, & ce que votre main vient de me confirmer ?

ORGON.

Chanson.

JULIE *au Marquis.*

A l'égard de la Lettre votre erreur est excusable. Aussi n'est-ce pas ma faute, si elle vous a été envoyée. Cependant vous devés avoir vû clairement qu'elle n'étoit pas écrite pour vous.

ORGON *au Marquis.*

Cela est positif.

LE MARQUIS.

Voila un petit caprice aussi bien conditionné, & poussé aussi loin.... Ho! qu'on me définisse à présent les femmes !

ORGON *au Marquis.*

Allés, allés, Mademoiselle n'a point de caprices. *A Julie.*

Vos attraits sont si brillans, adorable personne; & si fort au dessus de tout ce que l'histoire & la fable nous vantent qu'il n'étoit pas naturel qu'un homme de soixante & dix ans....

LE MARQUIS.

Qu'est-ce que dit donc mon Oncle? est-ce qu'il perd l'esprit?

ORGON *continuant.*

Il étoit, dis-je, peu naturel qu'un homme septuagenaire regardât ces attraits comme un bien qui pût lui devenir propre: mais de même qu'Eson fut rajeuni par les charmes de Medée, vos charmes enchanteurs......

LE MARQUIS.

Ha! misericorde! quoi mon Oncle a des prétentions? il y a de quoi mourir de rire.

JULIE *à Orgon.*

L'âge, même aussi avancé que le vôtre, n'est point un défaut selon moi, Monsieur.....

ORGON.

Vous êtes bien obligeante.

JULIE.

Mais ce n'est pas non plus un merite assés recommandable, qu'il me tienne lieu de l'inclination que je n'ai point pour vous.

ORGON.

Comment !

LISETTE.

Que veut dire ceci ?

LE MARQUIS.

Cela est positif, mon Oncle, & très positif.

ORGON à Julie.

Excusés mon erreur.
 à part.
Cette fille là a quelque chose d'extraordinaire.

LE MARQUIS *riant.*

Ha, ha, ha.

ARISTE.

Ce que je vois, & le souvenir de ce qui s'est passé me forcent à rompre le silence.

LE MARQUIS.

Qu'est-ce que c'est ?

ARISTE.

Ha ! Julie, refusés donc aussi Ariste qu'une passion sincere oblige à se jetter à vos genoux ; qui jusques à present n'a osé se livrer à un espoir trop flateur, ni vous découvrir ses sentimens, parce qu'il se croit, cent fois, indigne de vous, mais qui de tous les hommes est le plus passionné.

LE MARQUIS *éclatant*.

Ha! Monsieur veut aller aussi sur mes brisées? mais, mais l'avanture devient trop bouffonne.

LISETTE *à part*.

Notre tuteur amoureux!

JULIE *à Ariste*.

J'ai dit que je renonçois à tout engagement....

LE MARQUIS.

Oüi. Et, dans le fond, il n'en est rien.

JULIE *à Ariste*.

Je viens de refuser Orgon, & le Marquis; l'un m'accuse de caprice, l'autre de singularité.

en souriant.

Un troisiéme refus, m'attireroit, sans doute, un reproche plus sensible; j'accepte votre main, Ariste.

ARISTE.

C'est un bonheur inattendu auquel je me livre tout entier.

ORGON.

Par bleu j'en suis ravi & pour cause.

LISETTE.

COMEDIE.

LISETTE.

Qui s'en seroit douté ? voilà de part & d'autre, un amour bien discret !

ORGON.

Hé bien, notre chere Neveu, êtes vous content du personnage que vous m'avés fait joüer ici ?

LE MARQUIS à *Orgon*.

Que voulés vous, Monsieur, que je vous dise ? le dépit a fait faire des choses plus extraordinaires.

Aux Musiciens.

Mais, avancés Messieurs les Musiciens, avancés, que la fête aille son train. Il y a dans tout ceci moins de changement qu'on ne se l'imagine.

ORGON.

Ma foy je crois qu'après sa sortise il prend le meilleur parti, & je veux, comme lui, être du divertissement.

LA PUPILE;
DIVERTISSEMENT.

Air chanté par Ariste

La Saine Philosophie,
  Severe sur nos désirs,
  Nous porte à passer la vie
  Loin des turbulens plaisirs :
  Mais les jeux enfans de la tendresse.
  Peuvent être admis dans sa Cour ;
  Et je préfere la sagesse
  Qui se pare des traits de l'amour.

On danse.

VAUDEVILLE

ARISTE.

Du jeune & malheureux Atys
Cybele envioit la conquête.
Anacréon aux cheveux gris,
De myrthes couronnoit sa tête.
Envain un tendre sentiment
D'Hebé semble être le partage ;
Tant qu'on respire, on est Amant.
L'amour est de tout âge.

ORGON.

Je suis si vieux ; j'ai, si long temps,
Près du beau sexe fait tapage,

COMEDIE.

Que je me croyois hors des rangs ;
Mais, plus entreprenant qu'un page,
Dans le moment, il m'a suffi
D'entendre parler mariage ;
Mon cœur acceptoit le défi.
L'amour est de tout âge.

LISETTE.

Je n'avois pas encore dix ans,
Qu'un Espiegle du voisinage,
En dépit de ses surveillans,
Accouroit pour me rendre hommage.
Que se passoit-il entre nous ?
Rien, qu'un innocent badinage :
Mais, O grands Dieux ! qu'il étoit doux !
L'amour est de tout âge.

LE MARQUIS.

Si, dans un cercle, je parois ;
La grande maman la plus sage
Gémit de n'avoir plus d'attraits :
La mere affecte un doux langage :
La fille à marier rougit,
Et laisse tomber son ouvrage.
Celle, à la bavette, sourit.
L'amour est de tout âge.

JULIE.

Le vieillard est plein de bon sens,

LA PUPILLE,

Mais il est jaloux & sauvage.
Si le jeune a des agremens,
Il est fou, bizarre, & volage.
Qu'il est difficile, en ce temps,
D'avoir un Epoux qui soit sage ?
S'ils peuvent l'être à quarante ans,
Le mien est du bon âge.

FIN.

APPROBATION.

J'AY lû par ordre de Monseigneur le Garde des Sceaux, *La Pupile Comedie*. Et je n'y ai rien trouvé qui puisse en empecher l'impression. A Paris le 28. Juillet 1734.

GALLIOT.

Contraste insuffisant

NF Z 43-120-14

www.ingramcontent.com/pod-product-compliance
Lightning Source LLC
LaVergne TN
LVHW022123080426
835511LV00007B/986